Gesundheit!

身近なドイツ語
― 話したくなる10のトピック ―

Saori KIDO

ASAHI Verlag

ドイツ語圏略地図 （ □ はドイツ語使用地域）

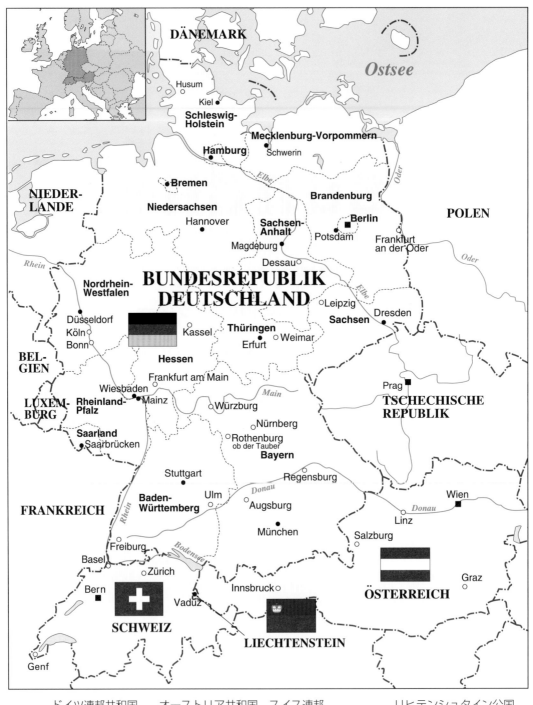

	ドイツ連邦共和国	オーストリア共和国	スイス連邦	リヒテンシュタイン公国
	Bundesrepublik Deutschland	Republik Österreich	Schweizerische Eidgenossenschaft （通称 Schweiz）	Fürstentum Liechtenstein
首 都	ベルリン	ウィーン	ベルン	ファドゥーツ
面 積	35 万 7021km²	8 万 3858km²	4 万 1284km²	160km²
人 口	8177 万人	862 万人	824 万人	3.7 万人

(2015 年)

はじめに

この教科書は、ある学生のこんな言葉から生まれました。

「ちょうど今、英語の講読で生化学と同じ内容をやっているから楽しい。」

つまり、ある授業で習った内容を直後に英語で読み直すことになるので内容が理解しやすくやる気が出るのだそうです。そういうことなら、まず予備知識を得て、それからドイツ語に取り組んではどうかと考えてできたのがこの教科書です。各課の冒頭にはまず日本語による解説があります。ここで各課のトピックに関する予備知識を得てください。続くページには、この予備知識＋αの情報がドイツ語で書かれています。おおよその内容は見当がつくはずですので、ページ下部の文法説明と合わせて取り組んでください。

もう一つ、この教科書には学生からよく聞く言葉が生かされています。

「理系だから語学が苦手で…。」

国語が苦手だったせいで語学全般に苦手意識がある、と話す理系の学生は少なくありません。では、彼らが興味を持ちそうなトピックにしてみよう、ということでドイツ語圏の社会や文化から理系分野の出来事や職業にまつわる10のトピックを取り上げました。といっても、専門的な知識はまったく必要ありません。私たちの生活に関係があり、知っているとちょっと得した気分になれる、いわゆるトリビアを集めました。つい誰かに言いたくなる、もっと知りたくなるものばかりですので、そのわくわく感でドイツ語のテクストに取り組んでみてください。

本書は１年生の授業で使用することを想定し、一年間、週１回という少ない時間数でも使えるように作成されています。が、ドイツ語のテクストをしっかり読んだり会話練習や調べ学習を取り入れたりすることで週２回の場合や２年次にも対応できるようになっています。とくに調べ学習では、ドイツ語圏について調べることで自分たちが暮らす社会やより広い世界に目を向ける機会となるよう配慮しました。ドイツ語の学習はもちろん、受講生の専攻や関心に合わせて、日本語力のブラッシュアップや発表・ディスカッションの学習の場としてもお使いいただけます。シンプルな練習問題から発展的な学習まで、クラスの人数や時間数に合わせてカスタマイズしてお使いください。

学生の皆さんにとって、卒業後ドイツ語を使う機会は決して多くないでしょう。しかし、私たちの生活を変えるような画期的な出来事が、実はちょっとしたアイデアや発想の転換から生まれたことを本書から感じていただけたら幸いです。

2019年秋　著者

目 次

◆ アルファベット

A **a**	[aː]	**K** **k**	[kaː]	**U** **u**	[uː]		
B **b**	[beː]	**L** **l**	[ɛl]	**V** **v**	[faʊ]		
C **c**	[tseː]	**M** **m**	[ɛm]	**W** **w**	[veː]		
D **d**	[deː]	**N** **n**	[ɛn]	**X** **x**	[ɪks]		
E **e**	[eː]	**O** **o**	[oː]	**Y** **y**	[ˈʏpsilɔn]		
F **f**	[ɛf]	**P** **p**	[peː]	**Z** **z**	[tsɛt]		
G **g**	[geː]	**Q** **q**	[kuː]	**Ä** **ä**	[ɛː]		
H **h**	[haː]	**R** **r**	[ɛʁ]	**Ö** **ö**	[øː]		
I **i**	[iː]	**S** **s**	[ɛs]	**Ü** **ü**	[yː]		
J **j**	[jɔt]	**T** **t**	[teː]	**ß**	[ɛsˈtsɛt]		

◆ あいさつ

<出会ったとき>
Guten Morgen!
Guten Tag!
Guten Abend!
Hallo!
Grüß Gott!

<別れるとき>
Auf Wiedersehen!
Tschüs!
Gute Nacht!
Bis morgen!
Viel Spaß!

<感謝を伝える>
Danke schön!
Vielen Dank!
Bitte schön!
Macht nichts!

<謝罪する／呼びかける>
Entschuldigen Sie!
Entschuldigung!

00 発音規則

ドイツ語にゆかりのある人やものです。読んで発音規則をおぼえましょう。

④ **1 母音**

ä

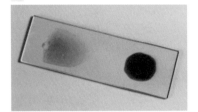

Präparat

Händel

Märchen

ö

Schrödinger

Röntgen

Köppen

ü

Dürer

Brüder Grimm

Plücker

ei

Einstein

Leibniz

Heidi

ie

Schiele

Riemann

Wiedemann

eu

Euler

Freud

äu

Löwenbräu

母音＋h

Fahrenheit

Mahler

Ohm

語末の **b d g**

Jakob

Siebold

Gutenberg

ch

Bach

Koch

chs

Dachshund（Dackel）

語末の **er**

Doppler

語末の **ig**

Liebig

Ludwig II.

J

Jung

Jaspers

s ＋母音

Diesel

sch

Schumann

Schopenhauer

tsch

Deutschland

語頭の sp

Spyri

語頭の st

Strauss

th

Luther

v

Volkswagen

w

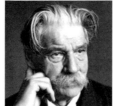

Schweitzer

z

Mozart

ß ※辞書を引くときは、ß＝ss と考える。

Gauß

Edelweiß

Preußen

＜アクセントについて＞
・原則として、最初の母音にアクセントを置く（外来語はこの限りではない）。
・アクセントのある母音のうち、直後の子音が１つの場合は長く、２つの場合は短く発音する。

例）Schale　　シャーレ
　　Messzylinder　メスツィリンダー（メスシリンダー）

01 „Gesundheit!"

ド イツでは、クシャミをすると周囲の人から „Gesundheit!" と言われることがあります。これは「健康」という名詞で、「お大事に！」という意味で使われます。このような習慣ができた理由には諸説ありますが、かつて疫病が流行ったときに魔除けのために言ったとか、クシャミをすると幸運が逃げていくのでおまじないのために言った、などと言われています。いずれにしても、相手を思う気持ちが込められているのですね。英語にも同じような言葉がありますよね？その他の言語ではどうでしょうか。あなたの周りで誰かがクシャミをしたら、笑顔で „Gesundheit!" と声をかけてあげましょう。きっと相手も „Danke!" と返してくれるでしょう。

⑦ **1 人称代名詞**（1格）

1人称	ich 私は	wir 私たちは
2人称	du 君は	ihr 君たちは
3人称	er 彼は sie 彼女は es それは	sie 彼らは
2人称（敬称）	Sie あなたは	Sie あなたがたは

※**親称と敬称**

　ドイツ語の2人称には、親しい間柄で使う「親称」と改まった関係で使う「敬称」があり、相手との親しさや関係性によって使い分けます。敬称の Sie は、3人称複数と同じ形をとり、文中のどこにあっても常に大文字で始めます。Sie と du の使い分けを常に意識しましょう。

※**文中の ich は小文字**

　ドイツ語では、英語と同様文頭を大文字で始めます。一方、英語と違って ich（私は）は、文中では小文字になります。間違いやすいので注意しましょう。

※ **man の用法**

　特定の人物ではなく、一般の人々を表す主語として man があります。上記の表では、3人称単数扱いになります。日本語に訳す際は、省略してかまいません。

　Man darf hier nicht fotografieren. ここで写真を撮ってはいけません。

⑧ **2 疑問詞**

wer	誰が	was	何が／何を	wo	どこで
wann	いつ	warum	なぜ	wie	どのように
wohin	どこへ	woher	どこから		

In Deutschland sagt man oft „Gesundheit!"

Wann sagt man das?

Zum Beispiel im Café, im Hotel oder an der Universität hört man dieses* Wort.

Plötzlich niest du.

Dann sagt jemand freundlich „Gesundheit!"

Warum sagt man das?

Man wünscht dir** Gesundheit.

In England sagt man „Bless you!"

Sagt man in Japan auch etwas?

Was bedeutet das Niesen in Japan?

 Gesundheit!

*dieses この（Lektion 4） **dir 君に（Lektion 5）

③ 動詞の人称変化　⑨

	動詞の語尾	**sagen**	**niesen***	**bedeuten****
ich	**-e**	sag**e**	niese	bedeut**e**
du	**-st**	sag**st**	niest	bedeut**est**
er/sie/es	**-t**	sag**t**	niest	bedeut**et**
wir	**-en**	sag**en**	nies**en**	bedeut**en**
ihr	**-t**	sag**t**	niest	bedeut**et**
sie	**-en**	sag**en**	nies**en**	bedeut**en**
Sie	**-en**	sag**en**	nies**en**	bedeut**en**

*　語幹が -s, -ß, -z, -tz で終わる動詞：
　　2人称単数で s が省略される。［例　× niesst　○ niest］
**　語幹が -t, -d で終わる動詞：
　　2人称単数、3人称単数、2人称複数で口調上の e が挿入される。［例　× bedeutt　○ bedeutet］
※　変化する前の動詞を不定形（不定詞）、変化した後の動詞を定形（定動詞）と呼びます。

④ ドイツ語の語順　⑩

> ※動詞は必ず2番目に
> 　置く。主語は先頭で
> 　なくくも構わない。

〈平叙文〉

　○＋動＋～.　　　Man **sagt** in England „Bless you!"

　　　　　　　　　○ In England **sagt** man „Bless you!"　× In England man **sagt** „Bless you!"

〈決定疑問文〉

　動＋主～？　　　Sagt man in Japan „Gesundheit!"?　— Ja, man sagt das.
　　　　　　　　　　　　　　　　　　　　　　　　　　　— Nein, man sagt das nicht.

〈補足疑問文〉

　疑＋動＋主～？　Wann sagt man „Gesundheit!"?

Übungen

1 （　）に人称代名詞を、下線部に動詞を入れなさい。

(1) 私はコーヒーを飲みます。

（　　　　　）＿＿＿＿＿＿ Kaffee.

(2) 君たちはドイツ語を習ってるの？

＿＿＿＿＿＿（　　　　　） Deutsch?

(3) 私たちはベルリンから来ました（ベルリンの出身です）。

（　　　　　）＿＿＿＿＿＿ aus Berlin.

(4) 彼女はユリアといいます。

（　　　　　）＿＿＿＿＿＿ Julia.

(5) 君は音楽を聞くのが好き？

＿＿＿＿＿＿（　　　　　） gern Musik?

(6) 彼は東京で働いています。

（　　　　　）＿＿＿＿＿＿ in Tokyo.

(7) 彼女はパトリックのことを愛してるの？

＿＿＿＿＿＿（　　　　　） Patrick?

(8) 彼女たちは上手に踊ります。

（　　　　　）＿＿＿＿＿＿ gut.

(9) 彼も私もピアノを演奏します。

（　　　　　） und （　　　　　）＿＿＿＿＿＿ Klavier.

(10) 彼らは釣りをするのが大好きです。

（　　　　　）＿＿＿＿＿＿ sehr gern.

2 上の問題を参考にして、下線部に適切な語を入れなさい。

(1) お名前は何とおっしゃるのですか？

＿＿＿＿＿＿ ＿＿＿＿＿＿＿＿＿＿ ?

(2) 彼女はどこに住んでるの？

＿＿＿＿＿＿ ＿＿＿＿＿＿＿＿＿＿ ?

(3) 彼はどこの出身ですか？

＿＿＿＿＿＿ ＿＿＿＿＿＿ ＿＿＿＿＿＿ ?

(4) 君たちは何を専攻しているの？

＿＿＿＿＿＿ ＿＿＿＿＿＿ ＿＿＿＿＿＿ ?

3 ここまでの問題を参考にして、次の文章をドイツ語で書きなさい。

(1) 君は踊るのが好き？

_____

(2) あなたは泳ぐのがお上手ですか？

_____

(3) 彼はよくハイキングをするの？

_____

(4) 君たちはいつ来るの？

_____

(5) 誰がピアノを弾いてるの？

_____

4 〈会話練習〉ここまでの問題を参考にして、自己紹介をしましょう。
名前は？／出身は？／居住地は？／好きなことは？／得意なことは？

② Ja, ich spiele Klavier.　Nein, ich spiele nicht Klavier.

Spielst du Klavier?

① Ich heiße Shun.

Wie heißt du?

③ Ich spiele Klavier.

Was machst du?

調べ学習

Recherchieren & Präsentieren
調べてみよう！　話してみよう！

　誰かがクシャミをしたとき、あなたはその人に何か言いますか？また、他の国ではどうでしょうか。調べてみましょう。

調べたことを…（▶グループで話しあう／▶ミニレポートにまとめる／▶クラスで発表する／▶クイズにして出題する etc.）

02 Nestlé

ネスレと聞くと、多くの人はインスタントコーヒーを思い浮かべるのではないでしょうか。鳥の巣のロゴマークでおなじみのこの企業、実は薬剤師がベビーフードを発売したことから始まりました。1867年、スイス──ドイツ生まれの薬剤師アンリ・ネスレは、乳幼児の死亡率が高いことに心を痛めていました。そこで、母乳を飲むことのできない新生児のために栄養価の高い乳製品を開発。その後、チョコレートやコーヒーなども扱い始め、いまでは世界的な食品メーカーとして様々な食品を販売しています。ロゴマークの鳥の巣（Nest）はネスレ（Nestlé）の名にちなんだものですが、母鳥がひな達を見守るその姿には、子供たちの健やかな成長を願うアンリの願いが込められています。

① 重要な動詞

	sein （英 be 動詞）	haben （英 have）	werden （英 become）
ich	bin	habe	werde
du	bist	hast	wirst
er/sie/es	ist	hat	wird
wir	sind	haben	werden
ihr	seid	habt	werdet
sie	sind	haben	werden
Sie	sind	haben	werden

Ich bin Arzt. 私は医者です。
Wer hat ein Wörterbuch? 辞書を持っているのは誰ですか？
Sie wird Pianistin. 彼女はピアニストになります。

② 否定文

Sie spielt nicht Klavier. 彼女はピアノを弾きません。
Er ist nicht nett. 彼は親切ではありません。

〈否定文で聞かれたとき〉

Ja は使えないので注意！

Arbeitest du nicht fleißig? 君はまじめに働いていないの？
— Doch, ich arbeite fleißig. いえいえ、まじめに働いていますよ。
— Nein, ich arbeite nicht fleißig. はい、まじめに働いていません。

Ein Deutscher arbeitet in der Schweiz.

Er heißt Heinrich Nestle, aber in der Schweiz nennt man ihn* Henri Nestlé.

Das ist Französisch. In der Schweiz spricht** man Deutsch, Französisch, Italienisch und Rätoromanisch. Nestlé wohnt in der Romandie***.

Er ist Apotheker und hat die Frage: „Warum sterben viele Babys so früh?"

Also entwickelt er Säuglingsnahrung.

Mütter sind sehr froh und Nestlés Kindermehl wird bekannt.

1913 eröffnet Nestlé eine Filiale in Japan.

Heute verkauft Nestlé nicht nur Säuglingsnahrung, sondern auch Schokolade und Instantkaffee.

*ihn 彼を（Lektion 5）　**spricht > sprechen 話す（Lektion 3）　***Romandie フランス語圏スイス

3 名詞の性・数・格

ドイツ語の名詞には、いくつかルールがあります。

① 大文字で書き始める。

② 男性・女性・中性の３つのグループに分かれている。

③ 冠詞が１〜４格の４通りに変化して、＜が・の・に・を＞を表す。

④ ２つ以上を表す場合は、複数形を用いる。（⇒ Lektion 3）

4 不定冠詞 ⑭

	男性名詞	女性名詞	中性名詞
1格（が）	ein	eine	ein
2格（の）	eines　　-s	einer	eines　　-s
3格（に）	einem	einer	einem
4格（を）	einen	eine	ein

1格：Ein Arzt steht dort.　　　　　　　　　一人の医者**が**あそこに立っている。

2格：Der Mantel eines Arztes ist schwarz.　ある医者**の**コートは黒い。

3格：Ich danke einem Arzt.　　　　　　　　私はある医者**に**感謝している。

4格：Ich suche einen Arzt.　　　　　　　　私はある医者**を**探している。

〈２格に注意〉

・２格は、対象となる名詞の後ろに置き、後ろから前へかかります。

・男性名詞と中性名詞の２格では、名詞本体にも s（発音しにくい場合は es）が付きます。

1 （　　）に人称代名詞を、下線部に動詞を入れなさい。

(1) 君たちは何歳なの？

Wie alt ＿＿＿＿＿＿＿（　　　　　）?

(2) 僕らは20歳です。

（　　　　　）＿＿＿＿＿＿＿ 20 Jahre alt.

(3) 君はきょうだいいるの？

＿＿＿＿＿＿＿（　　　　　）Geschwister?

(4) うん、僕には姉と弟がいるんだ。

Ja, （　　　　　）＿＿＿＿＿＿＿ eine Schwester und einen Bruder.

(5) 質問はありますか、ノイアーさん？

＿＿＿＿＿＿＿（　　　　　）eine Frage, Herr Neuer?

(6) はい、彼女はもうすぐ元気になりますか？

Ja, ＿＿＿＿＿＿＿（　　　　　）bald wieder gesund?

(7) ええ、もちろんです。「私、お医者さんになる！」と言っていますよ。

Ja, natürlich. Sie sagt „（　　　　　）＿＿＿＿＿＿＿ Ärztin!"

2 （　　）に適切な不定冠詞を入れなさい。

(1) これはコンピューターですか？

Ist das （　　　　　　　）Computer?

(2) いえいえ、これは辞書ですよ。

Nein, das ist （　　　　　　　）Wörterbuch.

(3) 君は犬を飼ってるの？

Hast du （　　　　　　　）Hund?

(4) ううん、ネコを一匹飼ってるの。

Nein, ich habe （　　　　　　　）Katze.

(5) 一人の女の子がある歌手に手紙を書く。

（　　　　　　　）Mädchen schreibt （　　　　　　　）Sänger （　　　　　　　）Brief.

(6) ある女の子の１通の手紙が一人の歌手を喜ばせる。

（　　　　　　　）Brief （　　　　　　　）Mädchens freut （　　　　　　　）Sänger.

3 ここまでの問題を参考にして、次の文章をドイツ語で書きなさい。

(1) あなたはドイツ出身ですか？ ― いいえ、私はドイツではなくスイス出身です。

_____

(2) ボールペン持ってる？ ― ううん、鉛筆なら１本持ってる。

_____

(3) 君たちは大学生じゃないの？ ― いやいや、僕らは大学生ですよ。

_____

(4) これは何ですか？ ― これはチョコレートです。

_____

(5) 誰かコートを持っていませんか？ ― 彼が一着持っていますよ。

_____

4 〈会話練習〉ここまでの問題を参考にして、自分の持ち物をドイツ語で言いましょう。

Ich habe einen... / Das ist ein...

① Ich habe ein Fahrrad.

② Das ist eine Tasche.

Was ist das?

調べ学習

Q **Recherchieren & Präsentieren**
[調べてみよう！ 話してみよう！]

身近にある「メイド・イン・スイス」を探してみましょう。

たとえば…（▶ミルクチョコレート／▶アルプスの少女ハイジ／▶高級腕時計／▶ヨーデル etc.）

03 Pflegeroboter

　　ボットとともに暮らすことをどう思いますか？日本は比較的ロボットの容認度が高いと言われて
いて、ペットロボット、案内ロボット、人型ロボットスマホなど、独特のロボットが開発されて
います。ドイツでも産業ロボットを中心にロボットの研究が進んでいます。なかでも注力している分野
の一つが介護で、2018年には流行語トップ10に「介護ロボット」が入りました。デュッセルドルフで
開かれる福祉介護の国際見本市 REHACARE でもコミュニケーションロボットが出品されています。
以前は多くの人が機械に介護されることに否定的でしたが、食事・歩行・読書など自立を支援するロ
ボットが登場するにつれ、ロボットを使って自宅で暮らしたいと考える人が増えてきました。

⑯ 1 定冠詞

	男性名詞	女性名詞	中性名詞	複数
1格（が）	der	die	das	die
2格（の）	des　　　-s	der	des　　　-s	der
3格（に）	dem	der	dem	den　　　-n
4格（を）	den	die	das	die

※ 男性名詞2格と中性名詞2格では、名詞本体にも s（発音しにくい場合は es）が付きます。

※ 複数3格では、名詞本体に n が付きます（n 型と s 型を除く）。

⑰ 2 複数形

　　ドイツ語の複数形は、次の5種類に分かれます。複数形になると、性の区別はなくなります。

	語尾に	単数形	→	複数形	備考
無語尾型	何もつかない	Roboter Vogel	→ →	Roboter Vögel	ウムラウトすることがある
e 型	e がつく	Film Baum	→ →	Filme Bäume	ウムラウトすることがある
er 型	er がつく	Wort Blatt	→ →	Wörter Blätter	必ずウムラウトする
n 型	n がつく （発音しにくい場合は en）	Schwester Funktion	→ →	Schwestern Funktionen	3格で n が付かない
s 型	s がつく	Auto Kimono	→ →	Autos Kimonos	外来語に多い 3格で n が付かない

Text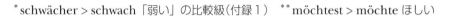

In Deutschland wählt man jedes Jahr zehn Wörter zum „Wort des Jahres".

Wort Nummer 6 von 2018 ist „Pflegeroboter".

Was macht ein Pflegeroboter?

Das Wort besteht aus zwei Wörtern: Pflege und Roboter.

Man sieht, hört, isst, spricht, schläft, läuft und liest, so lebt man.

Aber man wird alt und die Funktionen des Körpers werden schwächer *.

Dann hilft der Pflegeroboter den Leuten.

Er macht die Selbständigkeit möglich und somit ein Leben zu Hause,

und nicht im Krankenhaus.

Natürlich ist er humorvoll und zuverlässig. Möchtest ** du einen Roboter als Partner?

＊ schwächer > schwach「弱い」の比較級（付録１）　＊＊ möchtest > möchte ほしい

３ 不規則動詞

　すべての動詞は、主語によって語尾が変化します（Lektion 1）。これに加えて、一部の動詞は語幹も変化します。次の３通りに分けられ、２人称単数と３人称単数でのみ変化します。

	schlafen <a → ä>	**helfen** <e → i>	**sehen** <e → ie>
ich	schlafe	helfe	sehe
du	schläfst	hilfst	siehst
er	schläft	hilft	sieht
wir	schlafen	helfen	sehen
ihr	schlaft	helft	seht
sie	schlafen	helfen	sehen

　Läufst du schnell?　— Nein, ich laufe nicht schnell, aber er läuft sehr schnell.
　君は速く走れる？　— いや、僕は速くないけど、彼はとても速く走るよ。

これ以外に、不規則に変化する動詞もあります。

	nehmen	**wissen**
ich	nehme	**weiß**
du	n**imm**st	**weißt**
er	n**imm**t	**weiß**
wir	nehmen	wissen
ihr	nehmt	wisst
sie	nehmen	wissen

不規則変化する動詞
は、巻末の変化表を参
考にしましょう。

1 （　　　）に定冠詞を入れなさい。

(1) この単語は何を意味していますか？

Was bedeutet （　　　　　　） Wort?

(2) その単語の意味は「愛」です。

Die Bedeutung （　　　　　　） Wortes ist „Liebe".

(3) 君はその作家の本を好んで読んでいるね。

Du liest gern die Bücher （　　　　　　） Schriftstellers.

(4) その作家は何という名前なの？

Wie heißt （　　　　　） Schriftsteller?

(5) 聖ニコラウスが子供たちにプレゼントを渡す。

Der Nikolaus schenkt （　　　　　　） Kindern Geschenke.

(6) 子供たちはとても喜んでいる。

（　　　　　） Kinder sind sehr froh.

(7) このカバンとっても素敵ね。

（　　　　　） Tasche ist sehr schön.

(8) そうね、でも私はこのリュックサックを買うわ。

Ja, aber ich kaufe （　　　　　） Rucksack.

2 次の文章の内容を、複数形に変えなさい。

(1) Die Katze miaut und der Hund bellt.

_____

(2) Der Vogel singt und das Insekt tanzt.

_____

(3) Die Blume blüht und das Blatt fällt vom Baum.

_____

(4) Der Stern funkelt und das Kind träumt.

_____

〈辞書の見方〉

Buch ［ブーフ］囲ー[e]s/Bücher ［ビュ
ーヒャァ］本；帳簿.¶Freiwillig hat

　　　　　２格の語尾　　複数形

3 次の会話が成り立つように、<u>親称を主語にして</u>質問を書きなさい。

(1) _____

— Ja, ich esse gern Sushi. Und du?

(2) _____

— Nein, ich lese nicht oft Zeitung.

(3) _____

— Nein, sie spricht sehr gut Englisch, aber ich nicht.

(4) _____

— Im Sommer fahre ich nach Okinawa.

(5) _____

— Ich nehme einen Kaffee.

4 〈会話練習〉ここまでの問題を参考にして、お互いに質問しましょう。

映画をよく見る？／新聞をよく読む？／スキーをする？／ケーキは好き？ etc.

Siehst du oft Filme?　　　　Ja, ich sehe sehr oft Filme.

調べ学習　**Recherchieren & Präsentieren**
🔍 [調べてみよう！　話してみよう！ 📱

人手不足を解消するために、あるいはよりよいサービスを提供するために、私たちの生活には多くのロボットが関わっています。身近なロボットを調べて発表しましょう。

たとえば…（▶案内をする／▶受付をする／▶話し相手になる／▶危険を知らせる／▶人を楽しませる etc.）

04 Kartoffeln

ジャガイモといえば付け合わせはもちろん、スープにサラダ、ケーキまで、ドイツ料理に欠かせない存在です。ところが、南米原産のジャガイモは当初、聖書に記されていない異教の食べ物として人々に恐れられていました。状況を変えたのは、1740年に王位についたプロイセン王フリードリッヒ2世です。食料事情の改善のため、彼は冷害に強く荒れた土地でも育つジャガイモの栽培を奨励しました。以来ジャガイモは様々なかたちで私たちの食卓に上るようになります。ちなみに、当時ドイツ軍の捕虜にフランス人の薬剤師パルマンティエがいましたが、彼は収容所でジャガイモを食べ、その有用性に気づきます。帰還後フランスにジャガイモの栽培を広めた彼の功績は、料理名に見ることができます。

20 **1 定冠詞類**

以下の語は、定冠詞（der）と同じ変化をします。

dies-	この	jen-	あの	jed-	どの～も
welch-	どの？	all-	すべての	solch-	そのような

	男性名詞	女性名詞	中性名詞	複数
1格（が）	dieser	diese	dieses	diese
2格（の）	dieses -s	dieser	dieses -s	dieser
3格（に）	diesem	dieser	diesem	diesen -n
4格（を）	diesen	diese	dieses	diese

※ 中性名詞の1・4格は、定冠詞（das）とかたちが異なるので注意。

Dieses Restaurant ist sehr bekannt.	このレストランはとても有名です。
Wir nehmen diese Torte und jenen Kuchen.	このトルテとあのケーキをください。
Jeder Gast ist zufrieden.	どの客も満足している。
Welches Eis nehmen Sie?	どのアイスになさいますか？
Alle Eier sind sehr frisch.	卵は全部とっても新鮮ですよ。
Wie isst man solches Gemüse?	そんな野菜どうやって食べるの？

> ※ nicht と kein の使い分け
> 不定冠詞および無冠詞の名詞を否定するときは、否定冠詞 kein を用います。
> 不定冠詞＝1、無冠詞＝数えられない数量、kein ＝0、のイメージです。

Text

Ein Befehl ändert die Geschichte Deutschlands.

Friedrich II. sieht Kriege voraus und verstärkt die Armee.

Welche Lebensmittel sind nahrhaft und haltbar?

So denkt er und entdeckt die Kartoffel.

Damals isst man fast keine Kartoffeln, denn dieses Gemüse existiert eigentlich nicht in Europa.

Aber Friedrich II. entdeckt seine Vorteile und fördert den Anbau der Kartoffel.

Dies nennt man den Kartoffelbefehl.

Dieser Befehl hilft nicht nur den Soldaten, sondern auch allen Leuten im ganzen Land.

Und heute bereichert die Kartoffel unser Essen.

---

2 不定冠詞類 ㉑

以下の語は、不定冠詞（ein）と同じ変化をします（複数形は、定冠詞に準じます）。

〈所有冠詞〉

mein-	私の	**dein-**	君の	**sein-**	彼の	**ihr-**	彼女の	**sein-**	それの
unser-	私たちの	**euer-**	君たちの	**ihr-**	彼らの	**Ihr-**	あなたの／あなた方の		

	男性名詞	女性名詞	中性名詞	複数
1格（が）	mein	mein**e**	mein	mein**e**
2格（の）	mein**es** -s	mein**er**	mein**es** -s	mein**er**
3格（に）	mein**em**	mein**er**	mein**em**	mein**en** -n
4格（を）	mein**en**	mein**e**	mein	mein**e**

Mein Vater kocht gut.　　　　　　　　私の父は料理が上手です。

Das Rezept Ihrer Mutter ist lecker.　　あなたのお母様のレシピはおいしいです。

Wir lieben den Laden und seinen Besitzer.　私たちはこの店とその主人を愛している。

※ Ihr-（あなたの／あなた方の）は、文中でも常に大文字で書きます。

※ 3人称の sein-（彼の）、ihr-（彼女の）、sein-（それの）、ihr-（彼らの）は人物だけでなく、それぞれ男性名詞、女性名詞、中性名詞、複数も指します。

〈否定冠詞〉

kein（英 no）

Hast du ein Kochbuch?　— Nein, ich habe kein Kochbuch.

料理の本って持ってる？　– ううん、持ってない。

Haben Sie eine Allergie?　— Nein, ich habe keine Allergie.

アレルギーはありますか？　– いいえ、ありません。

1 次の文の（　　　）に定冠詞類の中から適切な語を入れなさい。

(1)　どの果物がお買い得ですか？

（　　　　　　　　）Obst ist günstig?

(2)　これらのリンゴがとってもお得ですよ。

（　　　　　　　　）Äpfel sind sehr günstig.

(3)　じゃあ、このリンゴとあのパイナップルをください。

Dann nehme ich（　　　　　　　）Apfel und（　　　　　　　）Ananas.

(4)　私はこのレストランのオーナーです。

Ich bin der Besitzer（　　　　　　　）Restaurants.

(5)　旅行者は皆このレストランを訪れます。

（　　　　　　　）Touristen besuchen（　　　　　　　）Restaurant.

(6)　どの料理人にも得意料理があります。

（　　　　　　　）Koch hat seine Stärke.

(7)　そのような料理はあなたのお気に召すでしょう。

（　　　　　　　）Speisen schmecken Ihnen.

2 次の文の（　　　）に適切な所有冠詞・否定冠詞を入れなさい。

(1)　あなたのご趣味は何ですか？

Was ist（　　　　　　）Hobby?

(2)　私の趣味は料理です。

（　　　　　　　）Hobby ist kochen.

(3)　でも、残念ながら時間がなくて、今はまったく作りません。

Aber leider habe ich（　　　　　　）Zeit und koche jetzt gar nicht.

(4)　これは君のケーキ？

Ist das（　　　　　　）Kuchen?

(5)　いいえ、私は甘いものを食べないの。

Nein, ich esse（　　　　　　）Süßigkeiten.

(6)　私たちのパンはグルテンフリーです。

（　　　　　　　）Brote sind glutenfrei.

(7)　我々は小麦を使いません。

Wir benutzen（　　　　　　　）Weizenmehl.

(8)　でもとてもおいしくて、きっとあなた好みでしょう。

Aber sie sind sehr lecker und treffen sicher auch（　　　　　　　）Geschmack.

3 ここまでの問題を参考にして、次の文章をドイツ語で書きなさい。

(1) どのハンバーガーにするの？

_____

(2) 僕はあのハンバーガーにするよ。

_____

(3) 野菜食べないの？

_____

(4) 僕の祖父は農家でね、彼の野菜はとってもおいしいんだ。

_____

(5) すべての野菜が新鮮なんだね。

_____

4 〈会話練習〉ここまでの問題を参考にして、レストランや店舗などシチュエーションを選び、商品の宣伝をしてみましょう。

私たちのレストランは…／この○○とあの△△が…／すべての…／彼らの果物は…

Unser Restaurant ist sehr bekannt.

調べ学習　Recherchieren & Präsentieren
調べてみよう！　話してみよう！

　私たちの周りには、南米由来の食物がたくさんあります。ジャガイモ以外に何があるでしょう？それらはどのようにドイツ語圏へ、そして日本へ伝わったのでしょう？調べて発表しましょう。

05 Zahnpasta

あなたは一日に何回歯を磨きますか？専門家によると3〜5回が理想だとか。とはいえ、これはご く最近のこと。わずか100年ほど前はこの習慣がほとんどなかったのです。歯磨き剤自体の歴史 は古く、古代エジプトでは砕いた軽石にワインビネガーを練り込んで歯を磨いたと記録されています。 20世紀初頭にも歯磨き剤はありましたが、あまり人気がなく、歯磨き習慣は普及していませんでした。 そんなとき、薬剤師のオトマー＝ハインジウス・フォン・マイエンブルクがペースト状の歯磨き剤を発 明します。使いやすくするためにうがい薬とアロマオイルを混ぜチューブに入れるというアイデアが大 ヒット。さらに彼は宣伝の中で歯磨きの重要性を訴え、人々の衛生状態の改善に大きく貢献しました。

(23) ▐ 人称代名詞（3・4格）

			男性名詞	女性名詞	中性名詞		私たち	君たち	複数名詞	あなた
	私	君	彼	彼女	それ	私たち	君たち	彼ら	あなた
1格（が）	ich	du	er	sie	es	wir	ihr	sie	Sie
3格（に）	mir	dir	ihm	ihr	ihm	uns	euch	ihnen	Ihnen
4格（を）	mich	dich	ihn	sie	es	uns	euch	sie	Sie

Ich empfehle euch diesen Film.　　　　　僕は君たちにこの映画を勧めます。
Meine Mutter pflegt mich den ganzen Abend.　母が一晩中私を看病してくれる。

※ 人称代名詞は、人間だけでなく名詞も指します。その際、性に合わせて使い分けます。
Er entwickelt eine Zahnpasta. Sie ändert die Situation.
彼は歯磨き粉⑨を発明する。その歯磨き粉（sie）が状況を変える。

(24) ▐ 再帰代名詞

主語の行った行為が再び主語に帰ってくる場合、すなわち主語と目的語が同一人物の場合は、再帰 代名詞を用います。

	私	君	彼	彼女	それ	私たち	君たち	彼ら	あなた
3格（に）	mir	dir	**sich**	**sich**	**sich**	uns	euch	**sich**	**sich**
4格（を）	mich	dich	**sich**	**sich**	**sich**	uns	euch	**sich**	**sich**

※ 1人称と2人称は人称代名詞と同じですが、3人称のときすべて sich になります。
Meine Schwester hat eine Tochter.　私の姉には娘がいます。
A. Sie kauft ihr eine Jacke.　　　　彼女（sie）は娘（ihr）に上着を買ってあげます。
B. Sie kauft sich eine Halskette.　　彼女（sie）は自分（sich）にネックレスを買います。

※ 23ページのイラスト：A. sie ≠ ihr（娘）　B. sie = sich（自分）

Text

Putzt du dir die Zähne? Nimmst du dabei Zahnpasta?

Die Zahnpasta entwickelt der Apotheker Otmar Heinsius von Meyenburg 1907 in Dresden. Damals putzt man sich fast gar nicht die Zähne.

Also haben die Leute oft Karies und Parodontose.

Diese Probleme verursachen andere Krankheiten, aber das weiß man damals noch nicht.

Von Meyenburg sorgt sich um die Leute und um ihre Gesundheit.

Daher entwickelt er die Zahnpasta in der Tube.

Die Tube ist sehr praktisch und sie gefällt den Leuten.

Von Meyenburg empfiehlt ihnen die Zahnpflege.

Und die Zahnhygiene ändert sich sehr.

3 再帰動詞

再帰代名詞とともに用いられる動詞を、再帰動詞といいます。

たとえば、ドイツ語には「興味を持つ」を表す単独の動詞がありません。そこで、interessieren「興味を持たせる」という動詞に再帰代名詞 sich をつけて、「自分で自分に興味を持たせる」と表現します。これが再帰動詞です。

「私はサッカーに興味があります。」

Fußball interessiert mich. （サッカーは私に興味を持たせます。）

Ich interessiere mich für Fußball. （私はサッカーについて自分に興味をもたせます。）

〈所有の３格〉

「自分で自分の歯を磨く」というとき、文法上 meine Zähne とは言えず、３格の再帰代名詞を使って「自分に（sich³）属している歯を磨く」と表現しなければなりません。

Putzt du dir die Zähne? 君は（自分の）歯を磨きますか？

Sie putzt sich die Zähne. 彼女は（自分の）歯を磨く。

再帰代名詞の代わりに人称代名詞を使うと、「主語とは異なる人の歯を磨く」となります。

Sie putzt ihr die Zähne. 彼女は（娘の）歯を磨いてやります。

A.

B.

Übungen

1 次の文の（　　）に適切な人称代名詞を入れなさい。

(1) 私は君を愛している。

Ich liebe（　　　　　　）.

(2) でも君は僕を愛していない。

Aber du liebst（　　　　　　）nicht.

(3) 彼女はときどき私を手伝ってくれます。

Sie hilft（　　　　　　）manchmal.

(4) 私は彼女に心から感謝しています。

Ich danke（　　　　　　）herzlich.

(5) 君たちは彼を知ってるの？

Kennt ihr（　　　　　　）?

(6) ええ、ぼくたちはいつも彼に挨拶しますよ。

Ja, wir begrüßen（　　　　　　）immer.

2 次の文の（　　）に適切な再帰代名詞を入れなさい。

(1) どうして急いでいるの？

Warum beeilst du（　　　　　　）?

(2) 友達が来るんだ。再会が楽しみだなぁ。

Meine Freunde kommen. Ich freue（　　　　　　）auf das Wiedersehen.

(3) そうなんだ！きっと彼らも楽しみにしてるよ。

Ach so!　Sie freuen（　　　　　　）sicher auch.

(4) 君たちは何を怖がっているの？

Wovor fürchtet ihr（　　　　　　）?

(5) 僕たちは雷が怖いんだ。

Wir fürchten（　　　　　　）vor Blitz und Donner.

(6) 大丈夫。嵐はまもなくおさまるでしょう。

Keine Sorge!　Der Sturm beruhigt（　　　　　　）bald.

(7) あなたは何回手を洗いますか？

Wie oft waschen Sie（　　　　　　）die Hände?

(8) 私が手を洗うのは一日に10回くらいでしょうか。

Ich wasche（　　　　　　）ungefähr zehn Mal pro Tag die Hände.

3 ここまでの問題を参考にして、次の文章をドイツ語で書きなさい。

(1) わたし、彼女のパーティーが楽しみだわ。

_____

(2) 僕、風邪をひいちゃってさ。

_____

(3) 大丈夫！私が君に写真を見せてあげるね。

_____

(4) ありがとう。君は彼女に **CD** をあげるの？

_____

(5) そうなの、彼女はジャズに興味あるでしょ。

_____

4 〈会話練習〉次の表現を使って、ジェスチャーゲームをしましょう。

sich⁴ freuen 喜ぶ   sich⁴ fürchten 恐れる   sich⁴ schämen 恥じる

sich⁴ wundern 驚く   sich⁴ ärgern 怒る   sich⁴ beeilen 急ぐ

sich⁴ setzen 座る   sich⁴ legen 横になる   sich⁴ erkälten 風邪をひく

sich³ die Zähne putzen 歯を磨く   sich³ die Nase putzen 鼻をかむ

sich³ die Hände waschen 手を洗う   sich³ die Haare kämmen 髪をとかす

Du freust dich.

調べ学習
Recherchieren & Präsentieren
調べてみよう！　話してみよう！

「歯磨き粉」という通りかつて歯磨き剤は粉末状のものが主流で、効果を期待して多種多様なものが混ぜられていました。様々な国の歯磨き剤の歴史を調べて発表してみましょう。

06 PEZ

P EZ というキャンディーを知っていますか？　知らない人も、このケースは見たことがあるでしょう。PEZ はオーストリアの企業が1927年に売り出し、今では世界中の子どもたちに親しまれています。が、実はこのキャンディー、禁煙グッズの先駆けなのです。祖父の事業を引き継いだエドゥアルド・ハース３世は、新商品としてペパーミント（**Pfefferminz**）味のキャンディーPEZ を考案します。彼は喫煙者をターゲットに禁煙効果と口臭ケアをアピールする戦略を打ち出し、さらにはライターに似せたケースを考案したことで販売に成功しました。その後、子供向けに様々な味が追加され、現在 PEZ は80カ国余りで販売されています。特にこのケースには熱心な収集家がいるほどです。

1 前置詞

名詞や代名詞の前に置いて、位置関係を示したり、意味を補ったりするものを前置詞と言います。ドイツ語では、前置詞によって後ろに来る名詞の格が決まっています（前置詞の格支配）。

〈３格支配〉

aus　～の中から	**bei**　～のところで／～する際	**mit**　～と一緒に／～（乗り物）で
nach　～の後で／～（地名）へ	**seit**　～以来	**von**　～の／～から
zu　～（施設・人）へ		

Ich wohne bei meinen Eltern.　　　　　　僕は両親のところに住んでいます。
Er ist der Erfinder von diesem Produkt.　彼はこの製品の開発者です。

※「○○へ行く」と言うとき、国名や地名では nach、施設や人では zu を用います。
Ich fliege nach Naha.　　　　　　　私は那覇へ行きます。
Ich fahre zu dem Bahnhof Kobe.　　私は神戸駅へ行きます。（zu + dem：融合形も参照）
Ich gehe zu dir.　　　　　　　　　私は君のところへ行きます。

〈４格支配〉

durch　～を通って	**für**　～のために	**gegen**　～に抵抗して
ohne　～なしで	**um**　～の周りで／～時に	

Das Licht dringt durch das Fenster.　　　　光が窓を通って差しこむ。
Ich kaufe ein Geschenk für meine Eltern.　私は両親のためにプレゼントを買う。

PEZ ist ein Bonbon aus Österreich.

Im Supermarkt findest du PEZ mit Erdbeer- oder Orangengeschmack.

Aber dieses Bonbon ist original ein Pfefferminz-Bonbon für Raucher.

Damals raucht man oft.

In dieser Situation setzt sich der Erfinder Eduard Haas III. die Raucher zum Ziel.

Bei dem Verkauf betont er: „Nach dem Rauchen erfrischt
das Pfefferminz-Bonbon sehr."

Außerdem verkauft er einen Spender für das Bonbon.

Heute ist PEZ berühmt für seinen Spender.

Nicht nur Kinder, sondern auch Erwachsene sammeln die Spender.

〈3・4格支配〉

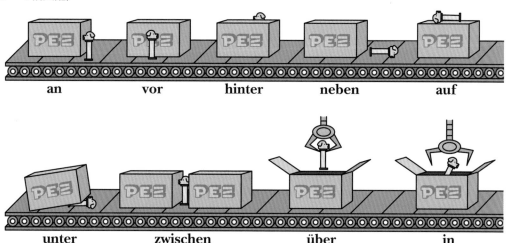

| an | vor | hinter | neben | auf |

| unter | zwischen | über | in |

◎ 場所を表すとき：3格
Die Katze schläft auf dem Auto.　ネコが車の上で眠っている。
◎ 移動を表すとき：4格
Die Katze springt auf das Auto.　ネコが車の上へ跳びあがる。

〈前置詞と定冠詞の融合形〉

　in + dem や zu + der など、一部の頻度の高い組み合わせには、前置詞と定冠詞が一つになった融合形が存在します。融合形がある場合は、こちらを使いましょう。

　an + dem = am　　　bei + dem = beim　　in + dem = im　　　in + das = ins
　von + dem = vom　　zu + dem = zum　　zu + der = zur

　Wir treffen uns am Abend im Café.　　私たちは夕方喫茶店で会います。
　Ich gehe zur Post und dann ins Büro.　　私は郵便局へ行きそれからオフィスへ行く。

1 次の文の下線部に適切な前置詞を、（　　　）に冠詞を入れなさい。

(1) 君の助けなしで／君の助けとともに

_____ (　　　　　　　　) Hilfe／_____ (　　　　　　　　) Hilfe

(2) 熊本へ／おばあちゃんちへ

_____ Kumamoto／_____ (　　　　　　　　) Großmutter

(3) 平和のために／戦争に反対して

_____ (　　　　　　　　) Frieden／_____ (　　　　　　　　) Krieg

(4) ここから／部屋の中から／3日前からずっと

_____ hier／_____ (　　　　　　　　) Zimmer／_____ drei Tagen

(5) 両親のところで／両親のところへ

_____ (　　　　　　　　) Eltern／_____ (　　　　　　　　) Eltern

(6) 公園を通って／彼女のところへ

_____ (　　　　　　　　) Park／_____ ihr

(7) 食事の後で／9時に

_____ (　　　　　　　　) Essen／_____ 9 Uhr

2 次の文の下線部に適切な前置詞を、（　　　）に定冠詞を入れなさい。

さらに、融合形がある場合は適切な形に直しなさい。

(1) 母はスーパーで食材を買います。

Meine Mutter kauft _____ (　　　　　　　　) Supermarkt Lebensmittel.

(2) そのスーパーは駅と郵便局の間にあります。

Der Supermarkt ist _____ (　　　　　　) Bahnhof und (　　　　　　) Post.

(3) 私はドアの上に時計をかけます。

Ich hänge eine Uhr _____ (　　　　　　　　) Tür.

(4) そのドアにはカレンダーが貼ってあります。

_____ (　　　　　　　　) Tür klebt ein Kalender.

(5) うちのネコはよくそのドアの上に跳び乗ります。

Meine Katze springt oft _____ (　　　　　　　　) Tür.

(6) ボールが車の下へ転がっていく。

Der Ball rollt _____ (　　　　　　) Auto.

(7) その車の下ではネコが眠っている。

_____ (　　　　　　　　) Auto schläft eine Katze.

3 ここまでの問題を参考にして、次の文章をドイツ語で書きなさい。

(1) ある女の子が公園を通って祖母の家へ行く。

_____

(2) 彼女の祖母はスーパーのとなりに住んでいる。

_____

(3) 彼女たちはスーパーでペパーミントキャンディーを買う。

_____

(4) 6時に女の子は祖母のために料理をする。

_____

(5) 食事のあと彼女たちは車で映画館へ行く。

_____

4 〈会話練習〉大学の周辺には何がありますか？ドイツ語で説明しましょう。
　　大学の前は？後ろは？となりは？／駅は？バス停は？／授業の後どこへ行く？

Vor der Universität ist eine Post.

調べ学習

Recherchieren & Präsentieren
[調べてみよう！　話してみよう！]

　スーパーマーケットへ行くと、ドイツ語圏やその他さまざまな国の商品が売られています。オーストリアの **PEZ**、スイスのチョコレート、ドイツのグミなど、ドイツ語圏の品物を探して紹介しましょう。アレルギーへの対応や品質保証マークにも注目してみましょう。

07 Zeiss

カメラで有名なツァイス。授業でツァイスの顕微鏡を使った人もいるでしょう。この企業は、カール・ツァイスが1846年にドイツ東部のイエナに開いた顕微鏡の工房から出発し、のちに光学機器の世界的メーカーへと成長しました。この飛躍の秘訣は理論を重視したことです。当時のモノづくりは経験則が中心でしたが、カールは物理学者のエルンスト・アッベ、化学者のオットー・ショットと組み、研究に基づいて製品開発を進めました。さらにカールの死後、共同経営者だったアッベは、研究成果を公開して科学の発展に寄与するとともに、従業員の権利拡充や公共施設の建設など事業家としても先進的な取り組みを行いました。人や地域という企業外への視線もツァイスの特徴といえるでしょう。

(29) 1 複合動詞

動詞に前つづりがついたものを、複合動詞といいます。複合動詞は前つづりの種類によって、次の2つに分けられます。

kommen	来る
ankommen	到着する〈分離動詞〉
bekommen	もらう〈非分離動詞〉

〈分離動詞〉

Der Sänger **kommt** um 6 Uhr **an**.　　その歌手は6時に到着します。

上の例文の〈ankommen〉は、文中では分かれていますが、辞書には一つの単語として載っています。このように、文中で分かれる動詞を**分離動詞**といいます。
・辞書では、〈an|kommen〉のように | で分離する位置が示されています。前半を分離前つづり、後半を基礎動詞部分といいます。
・文中では、基礎動詞部分を2番目に、分離前つづりを文末に置きます。【枠構造（→ p.31）】
・分離前つづりは、前置詞、副詞、形容詞など、単独でも使われる語がほとんどです。
・分離前つづりには、必ずアクセントがあります。

〈非分離動詞〉

Die Sängerin **bekommt** einen Preis.　　その歌手はある賞をもらいます。

上の例文のように、文中で前つづりが分離しない動詞を**非分離動詞**といいます。この前つづりを非分離前つづりといい、be-、emp-、ent-、er-、ge-、ver-、zer- 等があります。
・非分離前つづりは、単独で語としては使われません。
・非分離動詞では、前つづりではなく、基礎動詞部分にアクセントがあります。

Zeiss bietet seit 1846 weltweit Apparate für die Optik an.

Vielleicht benutzt du eine Kamera oder ein Mikroskop von Zeiss.

Das Schlüsselwort dieses Unternehmens heißt „Theorie und Praxis".

Der Gründer Carl Zeiss forscht fleißig, während die Leute damals von der Erfahrung abhängen.

Er stellt zuerst eine Theorie auf und dann setzt er sie in die Praxis um.

Bei der Forschung arbeitet er mit zwei Forschern zusammen, Ernst Abbe und Otto Schott.

Dass dieses Unternehmen seine Mitarbeiter und seine Heimat versorgt, ist auch wichtig.

Zeiss zeigt, wie Forscher und Unternehmen den Leuten helfen können*.

*können できる（Lektion 8）

枠構造

　Lektion 1 では、文章中で必ず2番目に動詞をおくと習いました。

　では、動詞に関連する要素が2つあるときはどうするかというと、2番目と文末におきます。分離動詞の場合、

　　　① 　②基礎動詞部分（語尾変化する）　 ③ 　 ④ 　…　㊝前つづり .

となり、②と文末で枠を作って他の語を囲い込みます。これを**枠構造**といいます。この枠構造は、話法の助動詞、現在完了形、受動文など、このあと何度も出てきますので注意しましょう。

❷ 従属接続詞 ㉚

　文の中心となる文章を主文というのに対し、理由や条件を表す文章を副文といい、次の接続詞を用います。また、疑問詞を使うこともできます。

weil ～なので	**dass** ～ということ	**obwohl** ～にもかかわらず
ob ～かどうか	**wenn** もし～／～とき（反復）	**als** ～とき（一度限り）
während ～なのに対して		

※ 副文の中では動詞を文末に置きます。分離動詞は分離させず1語として扱います。

※ 主文と副文の間は、必ずコンマ（,）で区切ります。

〈主文を先に書く場合〉

　Das Projekt **ist** erfolgreich, wenn alle Mitarbeiter zusammenarbeiten.
　　　　　　①　　　　②　　　　　③

〈副文を先に書く場合〉　※ 主文の動詞の位置に注意

　Wenn alle Mitarbeiter zusammenarbeiten, **ist** das Projekt erfolgreich.
　　　　　　　　　　　　　　　　　　　　②　　　　③
　　　　　　　　①

　すべての仲間が協力すれば、プロジェクトは成功する。

Übungen

1 指定された動詞を変化させて（　　　　）に入れなさい。空欄になる場合は×を書きなさい。

(1) 教授は15時に戻ってこられます。[zurückkommen]

Der Professor （　　　　　　　）um 15 Uhr （　　　　　　　）.

(2) そのエンジニアはよくシステムを理解している。[verstehen]

Der Ingenieur （　　　　　　　）das System gut （　　　　　　　）.

(3) 今晩私たちは一緒に出かけます。[ausgehen]

Heute Abend （　　　　　　　）wir zusammen （　　　　　　　）.

(4) その看護師は熱心に患者たちを看護している。[betreuen]

Die Krankenschwester （　　　　　　　）die Patienten fleißig （　　　　　　　）.

(5) その警官は気さくに住民に話しかける。[ansprechen]

Der Polizist （　　　　　　　）die Einwohner freundlich （　　　　　　　）.

(6) 保育士が子供たちに童話を読み聞かせる。[vorlesen]

Der Kinderpfleger （　　　　　　　）den Kindern Märchen （　　　　　　　）.

(7) 弁護士はその絵が気に入っている。[gefallen]

Das Bild （　　　　　　　）dem Anwalt （　　　　　　　）.

(8) あなたはよくデパートで買い物をなさるのですか？[einkaufen]

（　　　　　　　）Sie oft im Kaufhaus （　　　　　　　）?

(9) 君はいつ起きるの？[aufstehen]

Wann （　　　　　　　）du （　　　　　　　）?

2 次の文章を日本語に訳し、適切な従属接続詞を用いて一つの文にしなさい。

(1) Otto hört gern Bach.　　　　　　訳：

Ich gebe ihm eine CD von Bach.　訳：

⇒ _____

(2) Ernst hilft uns immer.　　　訳：

Wir brauchen seine Hilfe.　訳：

⇒ _____

(3) Ich weiß nicht.　　　　　　　　　訳：

Wer ist der Gründer dieses Unternehmens?　訳：

⇒ _____

3 ここまでの問題を参考にして、次の文章をドイツ語で書きなさい。

(1) カールは気さくに従業員に話しかける。

_____

(2) 従業員たちは彼が気に入っている。

_____

(3) 彼はいつも5時に起きる。

_____

(4) 理論が大切だということを、彼はよく理解している。

_____

(5) 彼は妻に感謝している、なぜなら彼女が彼の研究を手伝っているからだ。

_____

4 〈会話練習〉次の動詞を使って、各自の朝のスケジュールを発表しましょう。
auf|stehen／sich³ die Zähne putzen／um|ziehen／frühstücken／ab|fahren

Um 6 Uhr stehe ich auf.

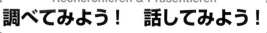

調べ学習

Recherchieren & Präsentieren

調べてみよう！　話してみよう！

ツァイス社のレンズは、天体望遠鏡、プラネタリウムの投影機、映画撮影用のカメラ、医療機器など、実に様々なところで使われています。あなたの住む地域や大学の施設などでツァイス社製の製品がないか、探してみましょう。

08 Babyklappe

„Baby" は赤ちゃん、"Klappe" は開口部が開け閉めできる容器のことで、日本語では「赤ちゃんポスト」と訳されます。内部に保育器が設置されていて、親は様々な事情で育てられない赤ちゃんを匿名で預けることができます。まず2000年にドイツ北部の街ハンブルクに設置され、今では民間団体や病院、教会などによって90か所以上で運営されています。この施設により多くの女性と赤ちゃんが救われましたが、中には育児放棄が疑われるケースもありました。また、匿名性のために子供が自身の出自を知ることができないという問題も指摘されています。これを受けてドイツでは、2014年から、匿名で出産でき、かつ子供は後に出自を知ることができるという「内密出産法」が導入されました。

32 ① 話法の助動詞

動詞にニュアンスを付け加える助動詞を話法の助動詞といいます。

	können〈可能〉	**müssen**〈義務〉〈確信〉	**dürfen**〈許可〉〈禁止〉	**sollen**〈他者の意思〉	**wollen**〈強い意志〉		**möchte**〈控えめな意志〉
ich	**kann**	**muss**	**darf**	**soll**	**will**		**möchte**
du	**kannst**	**musst**	**darfst**	**sollst**	**willst**		**möchtest**
er/sie/es	**kann**	**muss**	**darf**	**soll**	**will**		**möchte**
wir	können	müssen	dürfen	sollen	wollen		möchten
ihr	könnt	müsst	dürft	sollt	wollt		möchtet
sie	können	müssen	dürfen	sollen	wollen		möchten

können	Man **kann** hier anonym ein Kind gebären.	ここでは匿名で出産できる。
müssen	Wir **müssen** ein Geheimnis bewahren.	我々は秘密を守らねばならない。
	Er **muss** Hunger haben.	彼はお腹がすいているに違いない。
dürfen	Hier **darf** man fotografieren.	ここでは写真を撮っても構いません。
	Hier **darf** man nicht rauchen.	ここでタバコを吸ってはいけません。
sollen	Du **sollst** deiner Mutter helfen.	君はお母さんを手伝った方がいいよ。
wollen	Ich **will** Arzt werden.	私は医者になりたい。
möchte	Ich **möchte** Ihnen helfen.	私はあなたのお役に立ちたいのです。

※ 話法の助動詞を2番目、文末に動詞（不定形）をおきます。【枠構造（→ p.31）】

※ müssen の否定は「～しなくてもよい」、dürfen の否定は「～してはならない」になります。英語とは異なるので、注意しましょう。

Text

In Deutschland gibt es über 90 Babyklappen.

Eine Frau wird schwanger, aber sie kann ihr Baby nicht aufziehen.

Dann kann sie es anonym in eine Babyklappe legen.

Diese Vorrichtungen stellen Vereine, Krankenhäuser oder Kirchen auf.

Sie sprechen Mütter an: „Wenn Sie allein und hilflos sind, helfen wir Ihnen."

Sie möchten diese Mütter und Babys unterstützen.

Aber es gibt ein Problem. Das Baby weiß nicht, wer seine Mutter ist.

Nach einer Diskussion tritt ein Gesetz in Kraft.

Unter dem Schutz dieses Gesetzes können Frauen anonym Kinder gebären

und die Kinder können später ihre Herkunft erfahren.

② 未来形

　これから先の事柄を推量するときには、未来の助動詞 werden を用います。純粋に未来時制を表すというよりも、主語によって予定、決意、推測などのニュアンスを付加するという意味合いがあります。

　　　Ich werde den Augenblick nie vergessen.　　僕はこの瞬間を決して忘れないだろう。〈決意〉
　　　Es wird morgen schneien.　　　　　　　　　明日は雪が降るでしょう。〈推測〉

※ 助動詞を２番目、文末に動詞（不定形）をおきます。【枠構造（→ p.31）】
※ werden は、単独で用いると「～になる」の意味になります（Lektion 2）。
※ 純粋に今後起こる事柄をいうときは、現在形に未来を表す表現を加えて表します。

　　　Wir reisen morgen ab.　　私たちは明日旅に出ます。

③ 非人称の es

　以下のような場合には、es を主語とする決まった表現があります。

〈天候・自然現象〉
　　　Es regnet.　　　　　　　　　雨が降る。
　　　Es ist heute sehr heiß.　　今日はとても暑い。

〈時間〉
　　　Wie spät ist es jetzt?　— Es ist 11 Uhr.　　今何時ですか？　－11時です。

〈体調・機嫌〉
　　　Wie geht es Ihnen?　— Danke, es geht mir gut.　　お元気ですか？　－ええ、元気です。
　　　Wie geht's dir?　— So lala.　　　　　　　　　　調子はどう？　－まあまあかな。

〈～がある〉es gibt ~⁴
　　　Es gibt hier eine Kirche.　　ここに教会があります。

1 （　　）に適切な話法の助動詞を補いなさい。

(1) お手伝いしましょうか？

（　　　　　　　）ich Ihnen helfen?

(2) ありがとうございます。薬を買いたいのですが…

Danke schön. Ich（　　　　　　　）ein Medikament kaufen...

(3) まずは病院へ行った方がいいですよ。

Zuerst（　　　　　　　）Sie ins Krankenhaus gehen.

(4) あなたは病気に違いありません。

Sie（　　　　　　　）krank sein.

(5) そうなんです。でも、一人では行くことができません。

Ja, genau. Aber ich（　　　　　　　）nicht allein gehen.

(6) あなたのご両親は付き添うことができないんですか？

（　　　　　　　）Ihre Eltern Sie nicht begleiten?

(7) ええ、二人はまだ仕事をしなければならないんです。

Nein, sie（　　　　　　　）noch arbeiten.

(8) そうですか。タクシーを呼んだ方がいいですか？

Ach so. （　　　　　　　）ich ein Taxi rufen?

(9) いいえ、結構です。ここで電話をかけてもいいですか？

Nein, danke. （　　　　　　　）ich hier telefonieren?

(10) いいですよ。ただし、小声で話さなければいけませんよ。

Ja, aber Sie（　　　　　　　）leise sprechen.

(11) 分かりました。友人に頼むつもりです。

O.K. Ich（　　　　　　　）einen Freund von mir bitten.

2 次の文を日本語に訳しなさい。

(1) Heute ist es sehr kalt.

_____

(2) Schneit es schon?

_____

(3) Nein, noch nicht. Jetzt regnet es.

_____

(4) Echt? Gibt es noch einen Regenschirm?

_____

3 ここまでの問題を参考にして、次の文章をドイツ語で書きなさい。

(1) 日本には１か所赤ちゃんポストがある。

_____

(2) 病院は母親の秘密を守らなければならない。

_____

(3) しかし、赤ちゃんは自分の出自を知りたい。

_____

(4) 赤ちゃんポストは彼らを助けることができるのだろうか？

_____

(5) 私たちは赤ちゃんポストについて議論するべきである。

_____

4 〈会話練習〉次の場所では、何ができますか？また、どんな義務や禁止事項がありますか？
話法の助動詞を使って説明しましょう。

im Klassenzimmer／in der Bibliothek／im Krankenhaus／im Zug／im Internet

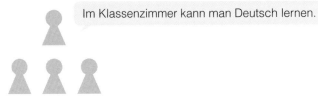

Im Klassenzimmer kann man Deutsch lernen.

調べ学習

Recherchieren & Präsentieren
調べてみよう！　話してみよう！

日本では2007年に熊本の病院で赤ちゃんポストが設置されました。これ以降、様々な場で議論が続いていますが、同様の設備を設置した団体はまだありません。赤ちゃんポストについて、あなたはどう思いますか？日本での議論や世界の動向を調べ、話し合ってみましょう。

09 Bier

> ド イツ人の生活に欠かせないビール。その歴史は古く、『ハムラビ法典』にもビールに関する法律
> （ビールを水で薄めた者は水に投げ込まれる！）があるそうです。では、ドイツのビール作りは
> というと、紀元前の古代ゲルマン人に始まり、中世の修道士のもとで発展します。当時の知識人だった
> 彼らは醸造技術を発展させ、ビールを栄養補給や治療のために用いました。渇きを癒し活力をもたらすビー
> ルは「液体のパン」と呼ばれて多くの人に好まれました。その後、ビール醸造が民間にも広まると、品質
> を維持するためバイエルン公ヴィルヘルム４世によって「ビール純粋令」が出されます。大麦、ホップ、
> 水、酵母しか使ってはならないというこの法律は、1516年の制定から今日までしっかりと守られています。

(36) **1 動詞の過去分詞**

現在完了形と受動文では、動詞の過去分詞を用います。各動詞を過去分詞に変化させる際には、以
下のようなルールがあります。

〈規則変化〉

語尾 en をとって、語幹を ge...t で挟みます。

glauben → geglaubt　　信じる
machen → gemacht　　する

※ 不規則変化する場合もあります。辞書や巻末の変化表で確認しましょう。

treten → getreten　　　進む、入る
werden → geworden　　〜になる

〈分離動詞の場合〉

変化した基礎動詞部分の前に、前つづりをつけます。

her|stellen → hergestellt　　　製造する
hoch|halten → hochgehalten　維持する

〈非分離動詞の場合〉

変化させるときに、ge をつけません。

bemerken → bemerkt　　気づく
vergessen → vergessen　　忘れる

〈-ieren で終わる動詞の場合〉

変化させるときに、ge をつけません。

kontrollieren → kotrolliert　　管理する
telefonieren → telefoniert　　電話する

　„Hmm...　Bevor wir Bier trinken, möchte ich eine Geschichte erzählen. Weißt du, dass es in Deutschland ein Gesetz für das Bier gibt? Es heißt Reinheitsgebot. Nach diesem Gesetz darf das Bier nur aus Hopfen, Malz, Hefe und Wasser hergestellt werden. Warum ist das Gesetz in Kraft getreten? Früher hat man geglaubt, dass das Bier nahrhaft ist. Viele Leute haben Bier hergestellt. Und die Qualität des Bieres ist schlechter geworden. Wilhelm IV., Herzog von Bayern, hat bestimmt, dass das Bier kontrolliert werden soll. Das ist die Herkunft dieses Gesetzes. Durch dieses Gesetz wird die Qualität des deutschen Bieres seit über 500 Jahren hochgehalten. So, eins, zwei, drei, prost!"

2 現在完了形　(37)

過去の事柄をあらわすとき、話しことばでは現在完了形を用います。
完了の助動詞 haben/sein を2番目、文末に動詞（過去分詞）をおきます。【枠構造（→ p.31）】

　　Viele Leute **haben** Bier hergestellt.　　　　　多くの人がビールを作った。
　　Die Qualität des Bieres **ist** schlechter geworden.　ビールの質が悪くなった。

〈haben か sein か〉
・**haben**：以下の場合を除く、動詞の大半。
・**sein**：①場所の移動（gehen、kommen、fahren など）
　　　　　　②状態の変化（werden、sterben、auf|stehen など）
　　　　　　③個別に覚える（sein、bleiben）
　　Wir **sind** ins Restaurant gegangen.　　　私たちはレストランへ行った。（gehen: sein）
　　Wir **haben** Bier getrunken.　　　　　　　私たちはビールを飲んだ。（trinken: haben）

3 受動文　(38)

「〜される」と受け身の表現をするときは、助動詞として werden を用います。
受動の助動詞 werden を2番目、文末に動詞（過去分詞）をおきます。【枠構造（→ p.31）】

　　Das Bier **wird** aus vier Zutaten hergestellt.　　　ビールは4つの原料から作られる。

※「〜によって」は von ＋3格（動作主）、あるいは durch ＋4格（手段）で表します。

　　Das Bier wird **vom** Braumeister hergestellt.　　　ビールはマイスターによって作られる。
　　Die Tradition wird **durch** das Gesetz hochgehalten.　その伝統は法律で守られている。

「〜された」と過去時制にするときは、助動詞として wurden を用います。（過去形→Lektion10）
　　Das Bier **wurde** im Kloster hergestellt.　　　ビールは修道院で作られた。

Übungen

1 （　）に適切な完了の助動詞、および指定された動詞の過去分詞を入れなさい。

(1) 昨日僕に電話した？ [an|rufen]

（　　　　　　　　　　）du mich gestern （　　　　　　　　　　）?

(2) うん、しかもメールも送ったよ。[schicken]

Ja, außerdem （　　　　　　　　　　）ich dir eine E-Mail （　　　　　　　　　　）.

(3) ごめん。電車の中にスマホを忘れてさ。[vergessen]

Entschuldigung. Ich （　　　　　　　　　　）mein Smartphone im Zug （　　　　　　　　　　）.

(4) 本当に？駅員さんに電話した？ [telefonieren]

Echt? （　　　　　　　　　　）du mit dem Bahnhofsmitarbeiter （　　　　　　　　　　）?

(5) いやいや、スマホ持ってなかったんだって。[dabei|haben]

Nein, ich （　　　　　　　　　　）es nicht （　　　　　　　　　　）.

(6) ああ、そうだった。じゃあ駅へ行ったの？ [gehen]

Ach, genau. （　　　　　　　　　　）du dann zum Bahnhof （　　　　　　　　　　）?

(7) そう、女の人が車内で僕のスマホを見つけてくれてた。 [finden]

Ja, eine Frau （　　　　　　　　　　）mein Smartphone im Zug （　　　　　　　　　　）.

(8) よかったね！まだ車内に残ってたんだね。[sein]

Gut! Dein Smartphone （　　　　　　　　　　）noch im Zug （　　　　　　　　　　）.

(9) そうそう、でもまだ駅には届いてなくってさ。[an|kommen]

Genau, aber es （　　　　　　　　　　）noch nicht am Bahnhof （　　　　　　　　　　）.

2 次の文章を受動文に書き換えなさい。

(1) Wir planen den Garten.

⇒ _____

(2) Die Stadt stellt ein Denkmal auf.

⇒ _____

(3) Ein Organspender spendet ein Organ.

⇒ _____

(4) Heute startet man die Rakete.

⇒ _____

(5) Hier hat man einen Satellit hergestellt.

⇒ _____

3 ここまでの問題を参考にして、次の文章をドイツ語で書きなさい。

(1) 昨日おばあちゃんちへ行ってきたんだ。

_____

(2) 何したの？

_____

(3) おばあちゃんが絵を一枚見せてくれた。

_____

(4) 誰がその絵を描いたの？

_____

(5) その絵はお母さんによって描かれたんだ。

_____

4 〈会話練習〉先週は何をしましたか？ドイツ語で説明しましょう。

Am Wochenende bin ich ins Kino gegangen.

Was hast du letzte Woche gemacht?

調べ学習

Recherchieren & Präsentieren

[調べてみよう！　話してみよう！]

ドイツ語には、ビールに関することわざや格言がたくさんあります。調べてクイズを出し
あってみましょう。

例）Das ist nicht mein Bier.

それは私のビールではない。⇒それは私の知ったことじゃない。

Sieh dich wohl für, Schaum ist kein Bier!

心せよ、泡はビールにあらず！⇒空虚な話に乗るな！

10 Enigma

2006年、60数年ぶりにドイツ軍の暗号文が解読されました。分散コンピューティングによって未解読の暗号文を解読しようという呼びかけに、多くの有志が集まったのです。この暗号文を作ったのはエニグマという暗号機でした。1918年に技術者のアルトゥール・シェルビウスが商業用として売り出したこの暗号機は、ドイツ軍によって軍事用に改良され第二次世界大戦に投入されます。大戦中、連合国側はエニグマの暗号解読に成功しますが、その先鞭をつけたのはポーランドの数学者たちで、完成させたのもやはり数学者のアラン・チューリング（イギリス）でした。しかし、国家機密に関わったチューリングの功績が公になることはなく、数学の道にも戻れぬまま彼は非業の最期をとげるのです。

40 **1 過去形**

過去の事柄を表すとき、書きことばでは過去形を用います。過去基本形に語尾をつけて作ります。

Er führte jeden Tag ein Tagebuch.　　彼は毎日日記をつけた。
Sie gaben ein Buch heraus.　　　　　彼らは本を出版した。

〈過去基本形〉

語尾 en をとって語幹に te をつけます。

führen → führte　導く、（記録を）つける

※ 不規則変化する場合もあります。辞書や巻末の変化表で確認しましょう。

heraus|geben → gab ... heraus　出版する

〈過去人称変化〉

	過去形の語尾	führen → führte	sein → war	haben → hatte	werden → wurde
ich	-	führte	war	hatte	wurde
du	-st	führtest	warst	hattest	wurdest
er/sie/es	-	führte	war	hatte	wurde
wir	-en (n)	führten	waren	hatten	wurden
ihr	-t	führtet	wart	hattet	wurdet
sie	-en (n)	führten	waren	hatten	wurden

〈話法の助動詞〉

konnte（können）　musste（müssen）　durfte（dürfen）
sollte（sollen）　　wollte（wollen）

Er konnte leider nicht zurückkehren.　彼は残念ながら戻ることができなかった。

2006 wurde die letzte Geheimschrift im Internet entschlüsselt. Die Geheimschriften wurden von Maschinen geschrieben. Die Maschinen hießen Enigma. Das bedeutet auf Griechisch „Rätsel". Die Maschinen wurden in Deutschland im zweiten Weltkrieg benutzt. Aber diese Geheimschriften wurden teilweise von Mathematikern entschlüsselt. Wer trug hauptsächlich zur Entschlüsselung bei? Wahrscheinlich war das Alan Turing. Als er 27 Jahre alt war, kam er zum Bletchley Park, um die Geheimschriften von Enigma zu entschlüsseln. Er und sein Team erfüllten den Auftrag.

Nach dem Krieg verbarg die Regierung seinen Verdienst, um alle Geheimnisse zu vertuschen. Außerdem konnte er nicht zur Welt der Mathematiker zurückkehren. Er starb jung.

2 zu 不定詞 (41)

zu ＋動詞の不定形を zu 不定詞といい、フレーズ（句）の最後において用います。

> jeden Tag ein Tagebuch **zu** führen　　毎日日記をつける
> ein Buch heraus**zu**geben　　本を出版する

※ 分離動詞の場合は、前つづりと基礎動詞部分の間に zu を挟んで１語として書きます。
※ 原則として、zu 不定詞句の前後はコンマで区切ります。
※ zu 不定詞句には主語がありません。したがって、動詞は変化せず不定形を用います。

〈名詞的用法：〜すること〉
　　Seine Aufgabe ist es, die Geheimschrift **zu** entschlüsseln.　彼の任務は暗号を解くことだ。

〈形容詞的用法：抽象的な名詞の内容を説明する〉
　　Er hat die Aufgabe, die Geheimschrift **zu** entschlüsseln.　彼には暗号を解くという任務がある。

〈副詞的用法：熟語〉
um...zu〜＝〜するために
　　Er kam hierher, **um** die Geheimschrift **zu** entschlüsseln.　彼は謎を解くためにここへ来た。
ohne...zu〜＝〜することなしに
　　Er konnte nicht zurückkehren, **ohne** die Geheimschrift **zu** entschlüsseln.
　　　　　　　　　　　　　　　　謎を解くことなしに、彼は帰ることができなかった。

複合語

　日本語と同じように、ドイツ語でも２つ以上の単語をつなげて新しい名詞を作ることができます。その場合、最後の名詞の性が新しい名詞の性となります。

　　geheim ＋ die Schrift → die Geheimschrift　秘密の＋文字→暗号

　単語を構成する個々の語を知っていれば、辞書を引かなくても意味を推測することができます。

1 指定された動詞を適切な形に変化させて（　）に入れなさい。

(1) マリー・キュリーは2度ノーベル賞を受賞した。[bekommen]

Marie Curie（　　　　　　　）zweimal den Nobelpreis.

(2) 1969年にアポロ11号は月に着陸した。[landen]

1969（　　　　　　　）Apollo 11 auf dem Mond.

(3) ビートルズには4人のメンバーがいた。[sein]

The Beatles（　　　　　　　）vier Mitglieder.

(4) ベルリンの壁は1989年11月9日に崩壊した。[fallen]

Die Berliner Mauer（　　　　　　　）am 9. 11. 1989.

(5) アムンセンは人類で初めて南極点に到達した。[erreichen]

Amundsen（　　　　　　　）als erster Mann den Südpol.

(6) ルイ14世はパリ近郊にベルサイユ宮殿を建設した。[bauen]

Louis XIV.（　　　　　　　）in der Gegend von Paris das Schloss Versailles.

(7) 2016年ある元素をニホニウムと命名した。[benennen]

2016（　　　　　　　）man ein chemisches Element „Nihonium".

(8) メアリー・シェリーは『フランケンシュタイン』を書いた。[schreiben]

Mary Shelley（　　　　　　　）„Frankenstein".

(9) 『独裁者』の中でチャップリンはヒトラーを演じた。[spielen]

In „Der große Diktator"（　　　　　　　）Chaplin Hitler.

2 次の二つの文を zu 不定詞を使って一つにし、完成した文を日本語に訳しなさい。

(1) Tadataka INO gelang. + Er erstellte eine Landkarte von Japan.

⇒ _____

訳：_____

(2) Anne Sullivan hatte die Aufgabe. + Sie unterrichtete Helen Keller.

⇒ _____

訳：_____

(3) Die Raumsonde Hayabusa starte. + Hayabusa sammelte Proben von Itokawa.

⇒ _____

訳：_____

3 ここまでの問題を参考にして、次の文章をドイツ語で書きなさい。

(1) アンネはドイツに住んでいた。

_____

(2) 彼女の家族はアムステルダムへ引っ越した。

_____

(3) アンネはオランダ語で日記をつけた。

_____

(4) 彼女は、作家になるという夢を持っていた。

_____

(5) 戦後、彼女の父親がその日記を出版した。

_____

4 〈会話練習〉子供の頃のことについてドイツ語で書き、読み上げましょう。

Als ich Kind war,
hatte ich einen Hund.

調べ学習

Recherchieren & Präsentieren
[調べてみよう！　話してみよう！]

　ドイツ語圏の歴史を紐解くと、数奇な運命をたどった人物や未だ解明されていない謎があります。さらに、それを題材とした文学作品や音楽作品もたくさん作られています。これらについて調べ、発表しましょう。

たとえば…（▶カスパール・ハウザー／▶ハーメルンの笛吹き男／▶カレーソーセージの発祥 etc.）

1 形容詞の語尾

形容詞には、次の3つの用法があります。

· Alexander ist fleißig. アレクサンダーは熱心だ。＜述語的＞
· Alexander ist ein fleißig**er** Forscher. アレクサンダーは熱心な研究者だ。＜付加語的＞＊
· Alexander forscht fleißig. アレクサンダーは熱心に研究する。＜副詞的＞

＊付加語的用法の場合、形容詞に語尾が付きます。この語尾は、①冠詞の種類、②名詞の性・数・格、によって変化します。

＜定冠詞（類）＞

	男性名詞	女性名詞		中性名詞		複数	
1格（が）	der fleißig**e** Forscher	die	**-e**	das	**-e**	die	**-en**
2格（の）	des fleißig**en** Forschers	der	**-en**	des	**-en**	der	**-en**
3格（に）	dem fleißig**en** Forscher	der	**-en**	dem	**-en**	den	**-en**
4格（を）	den fleißig**en** Forscher	die	**-e**	das	**-e**	die	**-en**

Der fleißige Forscher ist Nobelpreisträger. その熱心な研究者はノーベル賞受賞者だ。

＜不定冠詞（類）＞

	男性名詞	女性名詞		中性名詞		複数	
1格（が）	ein fleißig**er** Forscher	eine	**e**	ein	**-es**	meine	**-en**
2格（の）	eines fleißig**en** Forschers	einer	**-en**	eines	**-en**	meiner	**-en**
3格（に）	einem fleißig**en** Forscher	einer	**-en**	einem	**-en**	meinen	**-en**
4格（を）	einen fleißig**en** Forscher	eine	**-e**	ein	**-es**	meine	**-en**

Eine fleißige Forscherin bekommt den Nobelpreis. ある熱心な研究者がノーベル賞をもらう。

＜無冠詞＞

	男性名詞	女性名詞	中性名詞	複数
1格（が）	fleißig**er** Forscher	**-e**	**-es**	**-e**
2格（の）	fleißig**en** Forschers	**-er**	**-en**	**-er**
3格（に）	fleißig**em** Forscher	**-er**	**-em**	**-en**
4格（を）	fleißig**en** Forscher	**-e**	**-es**	**-e**

Fleißigen Forschern wird der Nobelpreis verliehen. ノーベル賞は熱心な研究者に与えられる。

2 比較表現

形容詞の最後に、比較級では -er、最上級では -st をつけます。「～よりも（英 than）」は als を用います。

Alexander ist jünger als Wilhelm.　アレクサンダーはヴィルヘルムより若い。

小さい：klein – kleiner – kleinst　　大きい：groß – größer – größt
若　い：jung – jünger – jüngst　　　老齢の：alt – älter – ältest
短　い：kurz – kürzer – kürzest　　　長　い：lang – länger – längst
高　い：teuer – teurer – teuerst　　　安　い：billig – billiger – billigst

※母音がウムラウトする場合があります。また、口調を整えるため e が挿入される場合や、逆に e が脱落する場合があります。

＜不規則変化＞
よ　い：gut – besser – best　　　　多　い：viel – mehr – meist
好んで：gern – lieber – liebst　　　近　い：nah – näher – nächst
高　い：hoch – höher – höchst　　　（低い：niedrig）

＜付加語的用法：形容詞の語尾がつく＞
比較級：Wilhelm ist der älter**e** Bruder.　　　ヴィルヘルムは兄だ。
最上級：Er gründete die ältest**e** Universität in Berlin.

　　　　　　　　　　　　　　　　　　彼はベルリン最古の大学を創設した。

＜述語的用法、副詞的用法の最上級：am　-sten＞
述語的用法：Alexander ist **am** jüng**sten**.　　　アレクサンダーは最も若い。
副詞的用法：Er wohnte **am** lieb**sten** in Paris.　　彼はパリに住むのを最も好んだ。

3 命令形

	命令形の語尾	主語	streiten	sein	essen <e → i>
du	-(e)	×	Streit(e)!	Sei ... !	Iss!
ihr	-t	×	Streitet!	Seid ... !	Isst!
Sie	-en	○	Streiten Sie!	Seien Sie... !	Essen Sie!

Streitet nicht! Seid nett zueinander!　　ケンカしないで！仲良くしなさい！
Iss Gemüse! Lies Zeitung! Schlaf gut!　　野菜を食べて！新聞を読んで！よく寝なさい！
Sprechen Sie bitte langsam!　　　　　　ゆっくり話してください。

※命令形では、動詞を先頭に置き、Sie 以外の主語は省略します。
※丁寧な依頼には、bitte（英 please）を加えます。
※不規則変化する動詞のうち< e → i >< e → ie >の変化をする動詞は、du に対する命令の
　とき、語幹が変化します（< a → ä >の動詞は語幹が変化しません）。

< wir が主語の場合>
　　wir が主語のとき動詞を先頭にして用いると、「～しましょう」という意味になります。
　　　　Essen wir zusammen!　一緒に食べましょうよ！

4 関係代名詞

　　文中の名詞に別の文章をつなげると、その名詞に説明を加えることができます。この場合の
名詞を先行詞、名詞にかかる文章を関係文、両者をつなぐものを関係代名詞といいます。

	男性名詞	女性名詞	中性名詞	複数
1格（が）	der	die	das	die
2格（の）	**dessen**	**deren**	**dessen**	**deren**
3格（に）	dem	der	dem	**denen**
4格（を）	den	die	das	die

※関係代名詞は、先行詞の性と数、関係文中の格によって決まります。
※関係文の前後をコンマ（, ）で区切り、動詞は文末に置きます。

Die Universität ist am ältesten in Berlin. + Wilhelm gründete die Universität[4].
その大学はベルリンで最も古い。 + ヴィルヘルムがその大学を設立した。
　　→ Die Universität, **die** Wilhelm gründete, ist am ältesten in Berlin.
　　　ヴィルヘルムが設立したその大学はベルリンで最も古い。

Alexander entdeckte den Pinguin[4]. + Der Pinguin wurde nach ihm genannt.
アレクサンダーがそのペンギンを発見した。 + そのペンギンは彼にちなんで名づけられた。
　　→ Der Pinguin, **den** Alexander entdeckte, wurde nach ihm genannt.
　　　アレクサンダーが発見したペンギンは彼にちなんで名づけられた。

5 接続法2式

　事実と異なる事柄を話すときや、丁寧な表現をしたいときは、接続法2式を用います。これは、「過去基本形＋e＋過去形の語尾」で作ります。

	過去形の語尾	studieren → studierte	sein → war	haben → hatte	werden → wurde
ich	-	studierte	wäre	hätte	würde
du	-st	studiertest	wärest	hättest	würdest
er	-	studierte	wäre	hätte	würde
wir	-n	studierten	wären	hätten	würden
ihr	-t	studiertet	wäret	hättet	würdet
sie	-n	studierten	wären	hätten	würden

＜規則動詞：過去基本形と同じ＞

不定形		過去基本形		接続法2式
studieren	→	studierte	→	studierte ＋語尾

＜不規則変化：語幹がウムラウトする＞

不定形		過去基本形		接続法2式
haben	→	hatte	→	hätte ＋語尾

Wenn ich die Gelegenheit hätte, studierte ich in Berlin.
　もしチャンスがあれば、ベルリンへ留学するのになぁ。

Wenn ich zu Alexanders Zeit gelebt hätte, wäre ich mit ihm gereist.
　もし僕がアレクサンダーの時代に生まれていたら、彼と一緒に旅をしたのになぁ。

Wilhelm und Alexander von Humboldt

　ヴィルヘルム・フォン・フンボルト（左）と
アレクサンダー・フォン・フンボルト（右）は、
同じ環境で育ちながら実に対照的な分野で足跡を残しました。

　兄ヴィルヘルムは政治家でありながら、言語学者としての顔も持っていました。ヨーロッパ各国が植民地を拡大していく時代。言語の違いに興味を持った彼は、世界中の友人知人から送られてくる資料を基に、書斎にいながら様々な言語とその背後にあるものを研究しました。また教育改革にも乗り出し、大学の設立を主導しました。このベルリン最古の大学は、現在フンボルト大学と呼ばれています。

　一方、弟のアレクサンダーは自然に強い関心を持ち、地理学に大きな功績を残しました。自ら南北アメリカを探検し、動植物や地形を調査しました。フンボルトペンギンやフンボルト海流に彼の名を見ることができます。帰国後は著作や講義を通して自然科学という学問分野の確立に貢献しました。

　対照的な人生を送った二人ですが、どちらも興味のあることを突き詰め、個別の発見を超えて学問の枠組みに影響を与えたという点では共通する部分があります。現在、フンボルト大学のロゴマークには兄弟の横顔が並んで描かれています。そこでは兄弟が分野を超えて同じ方向を見つめています。

1 基数

0 null

1 eins	11 elf	21 einundzwanzig
2 zwei	12 zwölf	22 zweiundzwanzig
3 drei	13 dreizehn	30 dreißig
4 vier	14 vierzehn	40 vierzig
5 fünf	15 fünfzehn	50 fünfzig
6 sechs	16 sechzehn	60 sechzig
7 sieben	17 siebzehn	70 siebzig
8 acht	18 achtzehn	80 achtzig
9 neun	19 neunzehn	90 neunzig
10 zehn	20 zwanzig	100 hundert

hunderteins	zweihundert	tausend
tausendeins	zweitausend	eine Million
	zwei Millionen	eine Milliarde

2 序数

1. erst	11. elft	21. einundzwanzigst
2. zweit	12. zwölft	22. zweiundzwanzigst
3. dritt	13. dreizehnt	30. dreißigst
4. viert	14. vierzehnt	
5. fünft	15. fünfzehnt	
6. sechst	16. sechzehnt	
7. siebt	17. siebzehnt	
8. acht	18. achtzehnt	
9. neunt	19. neunzehnt	
10. zehnt	20. zwanzigst	

Heute ist mein neunzehnter Geburtstag.　　　　今日は私の19回目の誕生日です。

※原則として、19までは基数に t、20以上は基数に st をつけます。
※必要に応じて、形容詞の語尾をつけます。【付録１（→ p.46）】

3 曜日

月曜日：Montag
火曜日：Dienstag
水曜日：Mittwoch
木曜日：Donnerstag
金曜日：Freitag
土曜日：Samstag
日曜日：Sonntag

4 天体

太　陽：die Sonne
水　星：der Merkur
金　星：die Venus
地　球：die Erde　一月：der Mond
火　星：der Mars
木　星：der Jupiter
土　星：der Saturn
天王星：der Uranus
海王星：der Neptun

5 月

1月　：Januar
2月　：Februar
3月　：März
4月　：April
5月　：Mai
6月　：Juni
7月　：Juli
8月　：August
9月　：September
10月：Oktober
11月：November
12月：Dezember

6 季節

春：Frühling
夏：Sommer
秋：Herbst
冬：Winter

夏休み：die Sommerferien
冬休み：die Winterferien

7 年間行事

1月1日	新年…Neujahr: „*Ein frohes neues Jahr!*"
2月	ベルリン国際映画祭…Berlinale
3月頃	カーニバル…Karneval / Fasnacht / Fasching: „*Helau!*" „*Alaaf!*"
4月頃	イースター…Ostern: „*Frohe Ostern!*"
9月下旬	ミュンヘンオクト　バーフェスト…Oktoberfest
10月3日	統一記念日…Tag der Deutschen Einheit
12月24日	クリスマス・イブ…Heiligabend
12月25〜26日	クリスマス…Weihnachten: „*Frohe Weihnachten!*"
12月中	クリスマスマーケット…Weihnachtsmarkt
12月31日	大晦日…Silvester: „*Einen guten Rutsch ins neue Jahr!*"

主要不規則動詞変化表

不定詞	直説法現在	過去基本形	接続法第2式	過去分詞
backen (パンなどを)焼く	*du* bäckst (backst) *er* bäckt (backt)	**backte**	backte	**gebacken**
befehlen 命令する	*du* befiehlst *er* befiehlt	**befahl**	beföhle (befähle)	**befohlen**
beginnen 始める，始まる		**begann**	begänne (begönne)	**begonnen**
bieten 提供する		**bot**	böte	**geboten**
binden 結ぶ		**band**	bände	**gebunden**
bitten たのむ		**bat**	bäte	**gebeten**
bleiben とどまる		**blieb**	bliebe	**geblieben**
braten (肉などを)焼く	*du* brätst *er* brät	**briet**	briete	**gebraten**
brechen 破る，折る	*du* brichst *er* bricht	**brach**	bräche	**gebrochen**
brennen 燃える		**brannte**	brennte	**gebrannt**
bringen 持って来る		**brachte**	brächte	**gebracht**
denken 考える		**dachte**	dächte	**gedacht**
dürfen …してもよい	*ich* darf *du* darfst *er* darf	**durfte**	dürfte	**gedurft** **dürfen**
empfehlen 推薦する	*du* empfiehlst *er* empfiehlt	**empfahl**	empfähle (empföhle)	**empfohlen**
erschrecken 驚く	*du* erschrickst *er* erschrickt	**erschrak**	erschräke	**erschrocken**
essen 食べる	*du* isst *er* isst	**aß**	äße	**gegessen**
fahren (乗物で)行く	*du* fährst *er* fährt	**fuhr**	führe	**gefahren**
fallen 落ちる	*du* fällst *er* fällt	**fiel**	fiele	**gefallen**
fangen 捕える	*du* fängst *er* fängt	**fing**	finge	**gefangen**
finden 見つける		**fand**	fände	**gefunden**
fliegen 飛ぶ		**flog**	flöge	**geflogen**

不定詞	直説法現在	過去基本形	接続法第2式	過去分詞
fliehen 逃げる		**floh**	flöhe	**geflohen**
fließen 流れる		**floss**	flösse	**geflossen**
frieren 凍る		**fror**	fröre	**gefroren**
geben 与える	*du* gibst *er* gibt	**gab**	gäbe	**gegeben**
gehen 行く		**ging**	ginge	**gegangen**
gelingen 成功する		**gelang**	gelänge	**gelungen**
gelten 値する，有効である	*du* giltst *er* gilt	**galt**	gälte (gölte)	**gegolten**
genießen 享受する，楽しむ		**genoss**	genösse	**genossen**
geschehen 起こる	*es* geschieht	**geschah**	geschähe	**geschehen**
gewinnen 獲得する，勝つ		**gewann**	gewänne (gewönne)	**gewonnen**
graben 掘る	*du* gräbst *er* gräbt	**grub**	grübe	**gegraben**
greifen つかむ		**griff**	griffe	**gegriffen**
haben 持っている	*du* hast *er* hat	**hatte**	hätte	**gehabt**
halten 持って(つかんで)いる	*du* hältst *er* hält	**hielt**	hielte	**gehalten**
hängen 掛かっている		**hing**	hinge	**gehangen**
heben 持ちあげる		**hob**	höbe	**gehoben**
heißen …と呼ばれる		**hieß**	hieße	**geheißen**
helfen 助ける	*du* hilfst *er* hilft	**half**	hülfe (hälfe)	**geholfen**
kennen 知っている		**kannte**	kennte	**gekannt**
kommen 来る		**kam**	käme	**gekommen**
können …できる	*ich* kann *du* kannst *er* kann	**konnte**	könnte	**gekonnt können**
laden (荷を)積む	*du* lädst *er* lädt	**lud**	lüde	**geladen**
lassen …させる	*du* lässt *er* lässt	**ließ**	ließe	**gelassen**

不定詞	直説法現在	過去基本形	接続法第2式	過去分詞
laufen 走る	*du* läufst *er* läuft	**lief**	liefe	**gelaufen**
leiden 悩む，苦しむ		**litt**	litte	**gelitten**
leihen 貸す，借りる		**lieh**	liehe	**geliehen**
lesen 読む	*du* liest *er* liest	**las**	läse	**gelesen**
liegen 横たわっている		**lag**	läge	**gelegen**
lügen うそをつく		**log**	löge	**gelogen**
messen 測る	*du* misst *er* misst	**maß**	mäße	**gemessen**
mögen …かもしれない	*ich* mag *du* magst *er* mag	**mochte**	möchte	**gemocht** **mögen**
müssen …ねばならない	*ich* muss *du* musst *er* muss	**musste**	müsste	**gemusst** **müssen**
nehmen 取る	*du* nimmst *er* nimmt	**nahm**	nähme	**genommen**
nennen …と呼ぶ		**nannte**	nennte	**genannt**
raten 助言する	*du* rätst *er* rät	**riet**	riete	**geraten**
reißen 引きちぎる		**riss**	risse	**gerissen**
reiten 馬に乗る		**ritt**	ritte	**geritten**
rennen 走る		**rannte**	rennte	**gerannt**
rufen 叫ぶ，呼ぶ		**rief**	riefe	**gerufen**
schaffen 創造する		**schuf**	schüfe	**geschaffen**
scheinen 輝く，思われる		**schien**	schiene	**geschienen**
schieben 押す		**schob**	schöbe	**geschoben**
schießen 撃つ		**schoss**	schösse	**geschossen**
schlafen 眠っている	*du* schläfst *er* schläft	**schlief**	schliefe	**geschlafen**
schlagen 打つ	*du* schlägst *er* schlägt	**schlug**	schlüge	**geschlagen**
schließen 閉じる		**schloss**	schlösse	**geschlossen**

不定詞	直説法現在	過去基本形	接続法第2式	過去分詞
schmelzen 溶ける	*du* schmilzt *er* schmilzt	**schmolz**	schmölze	**geschmolzen**
schneiden 切る		**schnitt**	schnitte	**geschnitten**
schreiben 書く		**schrieb**	schriebe	**geschrieben**
schreien 叫ぶ		**schrie**	schriee	**geschrien**
schweigen 沈黙する		**schwieg**	schwiege	**geschwiegen**
schwimmen 泳ぐ		**schwamm**	schwömme (schwämme)	**geschwommen**
schwinden 消える		**schwand**	schwände	**geschwunden**
sehen 見る	*du* siehst *er* sieht	**sah**	sähe	**gesehen**
sein 在る	*ich* bin *wir* sind *du* bist ihr seid *er* ist sie sind	**war**	wäre	**gewesen**
senden 送る		**sendete** (**sandte**)	sendete	**gesendet** (**gesandt**)
singen 歌う		**sang**	sänge	**gesungen**
sinken 沈む		**sank**	sänke	**gesunken**
sitzen 座っている		**saß**	säße	**gesessen**
sollen …すべきである	*ich* soll *du* sollst *er* soll	**sollte**	sollte	**gesollt** **sollen**
spalten 割る		**spaltete**	spaltete	**gespalten**
sprechen 話す	*du* sprichst *er* spricht	**sprach**	spräche	**gesprochen**
springen 跳ぶ		**sprang**	spränge	**gesprungen**
stechen 刺す	*du* stichst *er* sticht	**stach**	stäche	**gestochen**
stehen 立っている		**stand**	stände (stünde)	**gestanden**
stehlen 盗む	*du* stiehlst *er* stiehlt	**stahl**	stähle (stöhle)	**gestohlen**
steigen 登る		**stieg**	stiege	**gestiegen**
sterben 死ぬ	*du* stirbst *er* stirbt	**starb**	stürbe	**gestorben**
stoßen 突く	*du* stößt *er* stößt	**stieß**	stieße	**gestoßen**

不定詞	直説法現在	過去基本形	接続法第2式	過去分詞
streichen なでる		**strich**	striche	**gestrichen**
streiten 争う		**stritt**	stritte	**gestritten**
tragen 運ぶ，身につける	*du* trägst *er* trägt	**trug**	trüge	**getragen**
treffen 当たる，会う	*du* triffst *er* trifft	**traf**	träfe	**getroffen**
treiben 追う		**trieb**	triebe	**getrieben**
treten 歩む，踏む	*du* trittst *er* tritt	**trat**	träte	**getreten**
trinken 飲む		**trank**	tränke	**getrunken**
tun する		**tat**	täte	**getan**
vergessen 忘れる	*du* vergisst *er* vergisst	**vergaß**	vergäße	**vergessen**
verlieren 失う		**verlor**	verlöre	**verloren**
wachsen 成長する	*du* wächst *er* wächst	**wuchs**	wüchse	**gewachsen**
waschen 洗う	*du* wäschst *er* wäscht	**wusch**	wüsche	**gewaschen**
wenden 向ける		**wendete** （**wandte**）	wendete	**gewendet** （**gewandt**）
werben 得ようと努める	*du* wirbst *er* wirbt	**warb**	würbe	**geworben**
werden （…に）なる	*du* wirst *er* wird	**wurde**	würde	**geworden**
werfen 投げる	*du* wirfst *er* wirft	**warf**	würfe	**geworfen**
wissen 知っている	*ich* weiß *du* weißt *er* weiß	**wusste**	wüsste	**gewusst**
wollen …しようと思う	*ich* will *du* willst *er* will	**wollte**	wollte	**gewollt** **wollen**
ziehen 引く，移動する		**zog**	zöge	**gezogen**
zwingen 強制する		**zwang**	zwänge	**gezwungen**

身近なドイツ語
—話したくなる 10 のトピック—

検印 省略	© 2020 年 1 月 30 日　初 版 発 行 2022 年 1 月 30 日　第 2 刷発行

著者　　　　　　　　　　木戸紗織

発行者　　　　　　　　　原　雅　久

発行所　　　　株式会社 朝 日 出 版 社
〒 101-0065 東京都千代田区西神田 3-3-5
電話 (03) 3239-0271・72 (直通)
http://www.asahipress.com/
振替口座　東京　00140-2-46008
明昌堂／図書印刷

乱丁，落丁本はお取り替えいたします
ISBN978-4-255-25428-9 C1084